FELIX MENDELSSOHN BARTHOLDY

DIE ERSTE WALPURGISNACHT

FÜR VIER SOLOSTIMMEN, CHOR UND ORCHESTER
OPUS 60

TEXT VON
JOHANN WOLFGANG VON GOETHE

KLAVIERAUSZUG

EIGENTUM DES VERLEGERS · ALLE RECHTE VORBEHALTEN

C. F. PETERS · FRANKFURT
LEIPZIG · LONDON · NEW YORK

INHALT

	OUVERTÜRE	3
1.	TENOR UND CHOR *Es lacht der Mai*	16
2.	ALT *Könnt ihr so verwegen handeln?*	28
3.	BARITON UND CHOR *Wer Opfer heut zu bringen scheut*	32
4.	CHOR *Verteilt euch, wackre Männer, hier*	36
5.	BASS *Diese dummen Pfaffenchristen*	41
6.	CHOR *Kommt mit Zacken und mit Gabeln*	45
7.	BARITON *So weit gebracht, daß wir bei Nacht*	62
8.	TENOR *Hilf, ach hilf mir, Kriegsgeselle*	67
9.	CHOR *Die Flamme reinigt sich vom Rauch*	71

Aufführungsmaterial erhältlich · Orchestra Material available

---

INSTRUMENTE DES ORCHESTERS
2 Flöten / Piccoloflöte – 2 Oboen – 2 Klarinetten – 2 Fagotte –
2 Hörner – 2 Trompeten – 3 Posaunen – Pauken – Schlagzeug –
Violine I/II – Viola – Violoncello – Kontrabaß

DIE ERSTE WALPURGISNACHT
Ouvertüre

I. Das schlechte Wetter
Allegro con fuoco ♩. = 60

Felix Mendelssohn Bartholdy (1809–1847)
op. 60

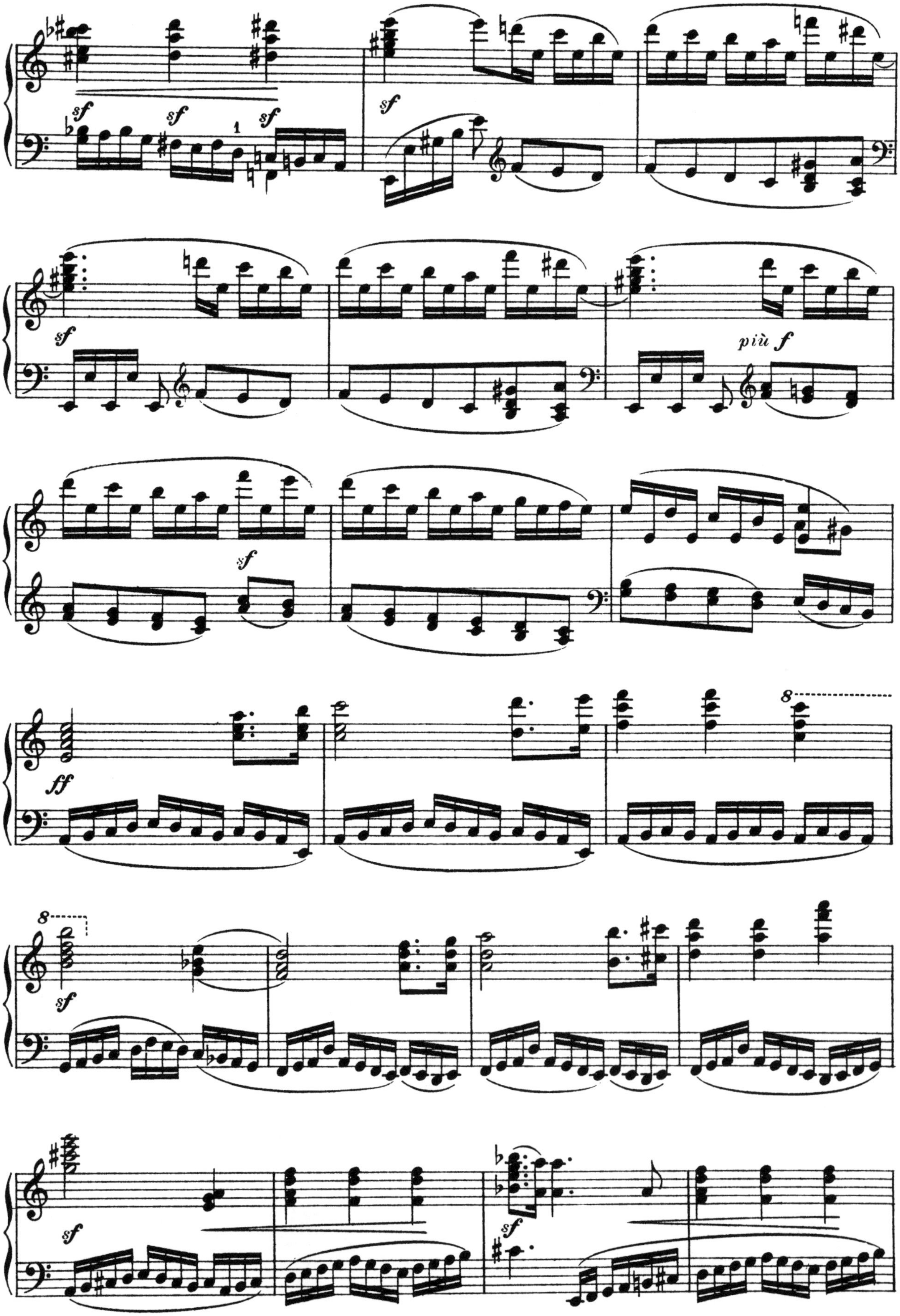
sf
sf
1
sf
sf
sf
più f
sf
ff
8
8
sf
sf
sf

14

II. Der Übergang zum Frühling

Allegro vivace non troppo (quasi l'istesso tempo ♩=96)

Edition Peters 8750 a

Attacca No 1

5

6

Allegro molto (𝅗𝅥. = 88)

kommt!

kommt!

Edition Peters   8750 a

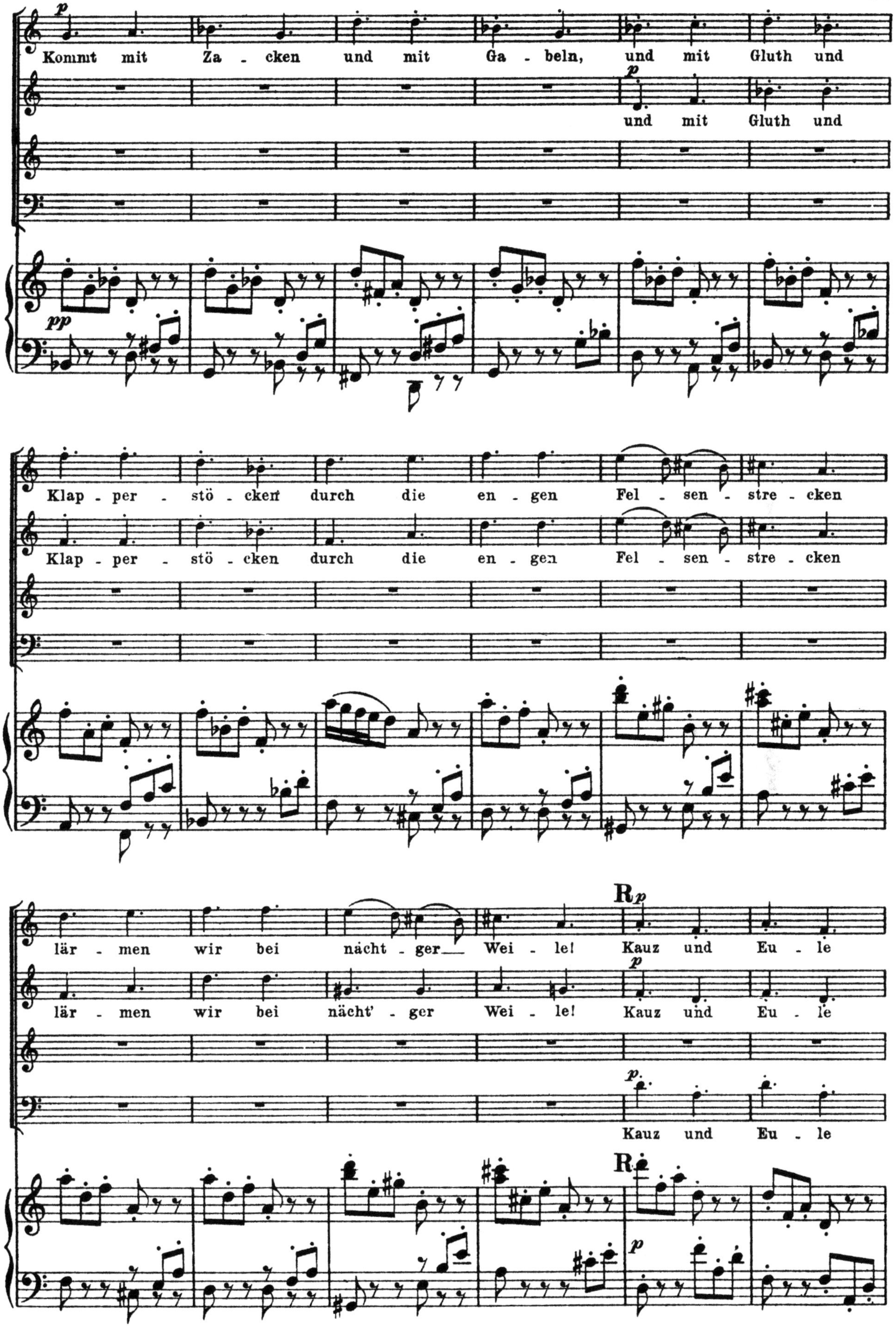
Kommt mit Za - cken und mit Ga - beln, und mit Gluth und
und mit Gluth und
Klap - per - stö - cken durch die en - gen Fel - sen - stre - cken
Klap - per - stö - cken durch die en - gen Fel - sen - stre - cken
R
lär - men wir bei nächt - ger Wei - le! Kauz und Eu - le
lär - men wir bei nächt' - ger Wei - le! Kauz und Eu - le
Kauz und Eu - le
R

8

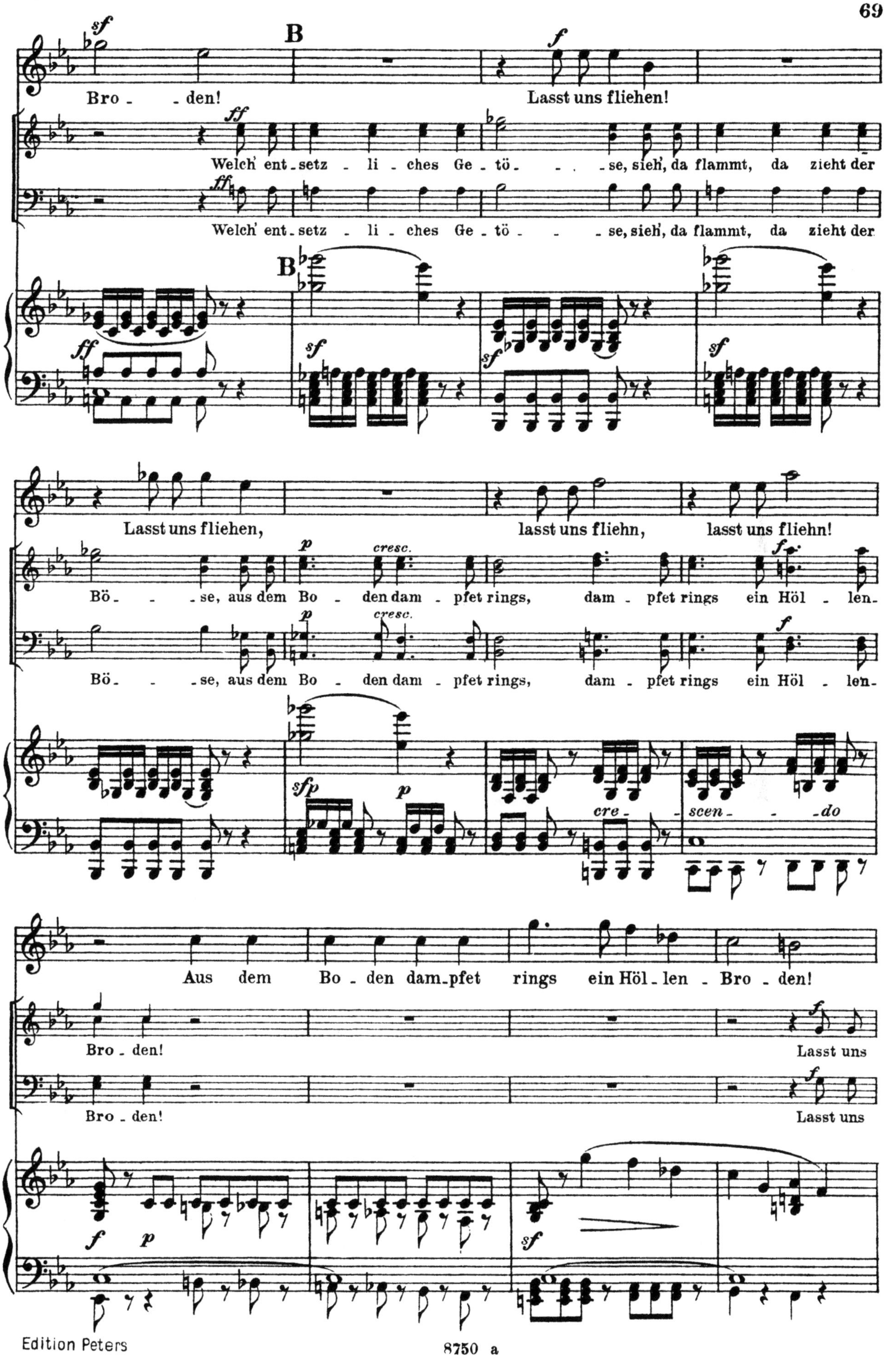
B
Bro - den! Lasst uns fliehen!
Welch' ent-setz - li - ches Ge - tö - - se, sieh', da flammt, da zieht der
Welch' ent-setz - li - ches Ge - tö - - se, sieh', da flammt, da zieht der
Lasst uns fliehen, lasst uns fliehn, lasst uns fliehn!
Bö - - se, aus dem Bo - den dam - pfet rings, dam - pfet rings ein Höl - len-
Bö - - se, aus dem Bo - den dam - pfet rings, dam - pfet rings ein Höl - len-
cresc.
cre - scen - do
Aus dem Bo - den dam-pfet rings ein Höl - len - Bro - den!
Bro - den! Lasst uns
Bro - den! Lasst uns

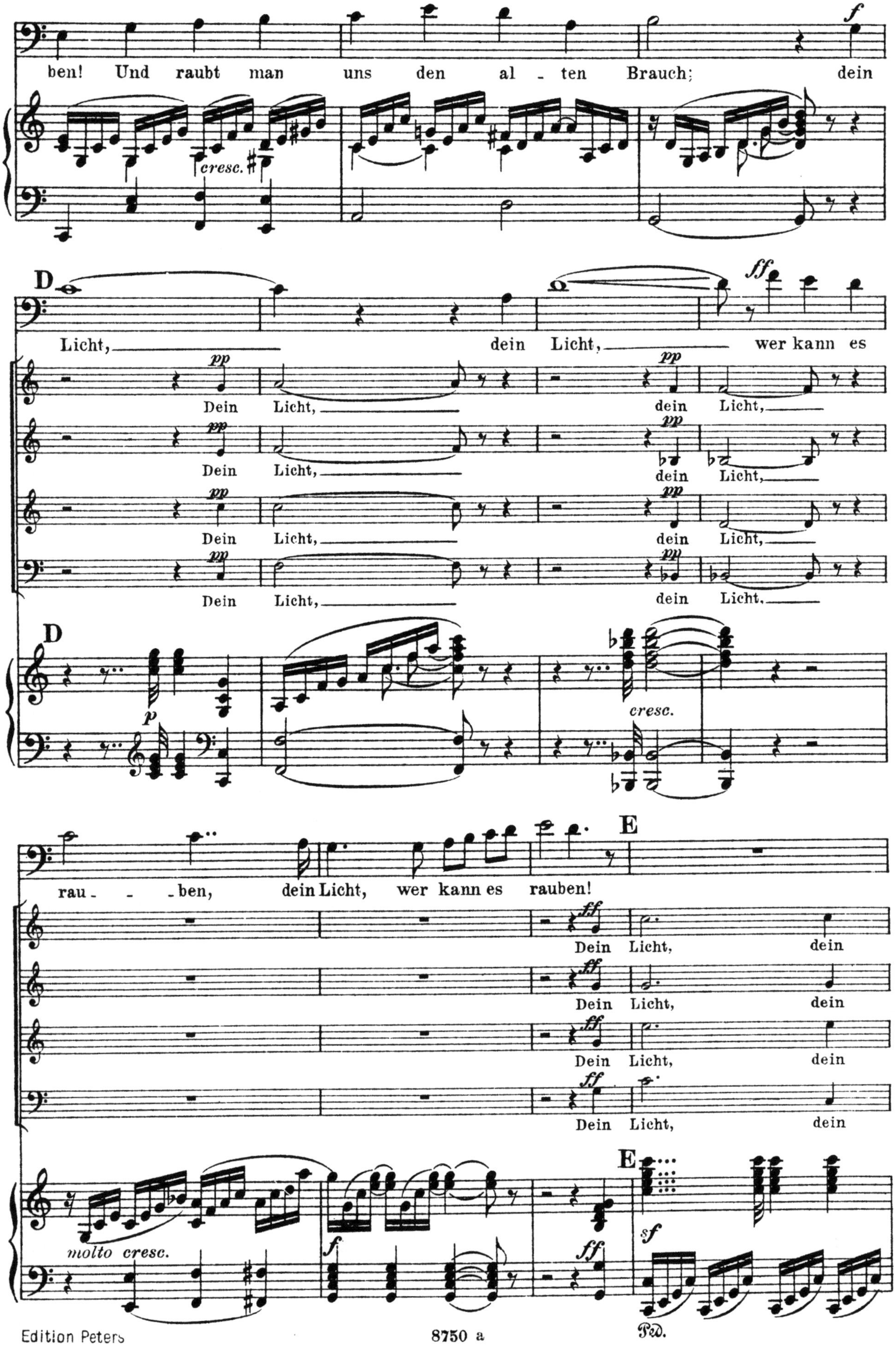
ben! Und raubt man uns den al - ten Brauch; dein
f
cresc.
D
Licht, dein Licht, wer kann es
ff
pp
Dein Licht, dein Licht,
Dein Licht, dein Licht,
Dein Licht, dein Licht,
Dein Licht, dein Licht,
p
cresc.
rau - - ben, dein Licht, wer kann es rauben!
E
Dein Licht, dein
Dein Licht, dein
Dein Licht, dein
Dein Licht, dein
molto cresc.
sf

75

Chorsingen – leicht gemacht

CDs zum Lernen der Chorpartien im Selbststudium

JOHANN SEBASTIAN BACH
Johannes-Passion
Klavierauszug EP 8635
CD: MPC 8635-1/2/3/4 (je 2 CDs)

Matthäus-Passion
Klavierauszug EP 4503
CD: MPC 4503-1/2/3/4 (je 2 CDs)

Messe h-Moll
Klavierauszug EP 8736
CD für S1 / S2 / A / T / B:
MPC 8736-11/12/2/3/4 (je 2 CDs)

Weihnachtsoratorium
Klavierauszug EP 8719
CD: MPC 8719-1/2/3/4 (je 2 CDs)

LUDWIG VAN BEETHOVEN
9. Symphonie / Chorfantasie c-Moll
Klavierauszug 9. Symphonie EP 2227
Klavierauszug Chorfantasie EP 8723
CD: MPC 8723-1/2/3/4

JOHANNES BRAHMS
Ein deutsches Requiem
Klavierauszug EP 3672
CD: MPC 3672-1/2/3/4 (je 2 CDs)

ANTONÍN DVOŘÁK
Stabat Mater
Klavierauszug EP 8639
CD: MPC 8639-1/2/3/4 (je 2 CDs)

GEORG FRIEDRICH HÄNDEL
Der Messias (auf CD gesungen in deutsch)
Klavierauszug EP 4501
CD: MPC 4501-1/2/3/4 (je 2 CDs)

JOSEPH HAYDN
Die Schöpfung
Klavierauszug EP 8998
CD: MPC 66-1/2/3/4

FELIX MENDELSSOHN BARTHOLDY
Elias
Klavierauszug EP 1749
CD: MPC 1749-1/2/3/4 (je 2 CDs)

2. Symphonie (Lobgesang) op. 52
Klavierauszug EP 1750
CD: MPC 1750-1/2/3/4

Die erste Walpurgisnacht op. 60
Klavierauszug EP 1752
CD: MPC 1752-1/2/3/4

WOLFGANG AMADEUS MOZART
Krönungsmesse KV 317
Klavierauszug EP 8115
CD: MPC 8115-1/2/3/4

Requiem KV 626 (Fassung F. Beyer)
Klavierauszug EP 8700
CD: MPC 8700-1/2/3/4

FRANZ SCHUBERT
Messe G-Dur D 167
Klavierauszug EP 1049
CD: MPC 1049-1/2/3/4

GIUSEPPE VERDI
Requiem
Klavierauszug EP 4251
CD: MPC 4251-1/2/3/4 (je 2 CDs)

1/2/3/4: 1 = Sopran; 2 = Alt; 3 = Tenor; 4 = Bass

musicPartner

C. F. Peters · Frankfurt/M.
Leipzig · London · New York
www.edition-peters.de